Traumsport Tennis

Tennis ist eine Sportart, deren Reiz nicht zuletzt darin besteht, dass verschiedene technische, taktische, physische und psychische Möglichkeiten verfügbar sind, das Spiel den eigenen Ansprüchen entsprechend zu gestalten. Daraus ergeben sich für den Einzelnen unterschiedliche Zielvorstellungen, zu deren Umsetzung bestimmte Fähigkeiten benötigt werden. Oft klafft daher zwischen Wunsch und Wirklichkeit eine große Lücke.

Wer also weiß, wie eine Rückhand gespielt wird, aber meist zu spät am Schlagort ankommt, ist auch nicht besser dran als derjenige, der rechtzeitig vorbereitet ist, aber keine Ahnung hat, wie und wohin er schlagen soll. Oder wie jener, der topfit ist, die Technik bestens beherrscht, aber unter Druck vor Nervosität den Schläger nicht mehr festhalten kann.

Ein wirklich guter Tennisspieler zu werden, ist also gar nicht so einfach. Und doch möchte jeder endlich einmal seinen ständigen Rivalen schlagen oder die Rückhand mit »Schmackes« der Linie entlangpfeffern können – das wäre ja auch nicht so schlecht!

Womit wir bei der Technik wären. Gerade im Hobbytennis sind es nun mal vorwiegend die technischen Mängel, die sich leistungsbegrenzend auswirken. Und genau darum kümmern wir uns hier.

Wegweiser für den Rückhand-Grundlinienschlag

Der vorliegende *blv coach* beschäftigt sich mit dem Rückhand-Grundlinienschlag und gilt – mit wenigen Ausnahmen – für die einhändige **und** beidhändige Rückhand. Mehr noch, er kann in vielen Aspekten analog auch auf die Vorhand übertragen werden. Jeder Schlag soll einfach, rationell und wirkungsvoll sein. Doch diese Perfektion kann er erst nach einem längeren Reifeprozess erreichen.

Hier wird nun eine Möglichkeit aufgezeigt, wie dieser Reifeprozess beschleunigt werden kann, wie der Akteur den einzelnen Schlag überprüfen, verbessern und ihn vielleicht sogar mit jener Besonderheit ausstatten kann, die ihn zu seinem Wunschschlag macht.

Die aufgeführten *möglichen Ursachen* eines Fehlers sowie die Vorschläge, diese zu beseitigen, haben keinen Ausschließlichkeitsanspruch. Die komplexe Sportart Tennis bringt es vielmehr mit sich, dass sich Probleme überschneiden, Lösungsvorschläge ergänzen, ja sogar austauschbar sind. Der Übergang von einem Thema zum anderen sollte daher fließend, die angebotenen Hilfen als vielseitig verwendbar betrachtet werden.

Natürlich wird das Lesen allein Sie nicht zu einem besseren Spieler machen, sondern vor allem das damit parallel laufende regelmäßige Training. Nehmen Sie sich ein- bis zweimal pro Woche ca. eine halbe Stunde Zeit, um an Ihrer Rückhand zu arbeiten. Dann dürfte einer spürbaren Steigerung der Qualität dieses Schlages, ja Ihrer Spielstärke nichts mehr im Wege stehen.

Möge Ihnen die Rückhand bald so perfekt gelingen, wie Sie es sich erträumen.

Viel Spaß dabei!

04

Fehleranalyse: Mögliche Ursachen

Wichtig ist Ihre ganz persönliche Fehleranalyse. Nur wenn Sie Ihr Verhalten vor, während und nach dem Schlag kritisch untersuchen, können Sie mögliche Probleme erkennen. Stellen Sie sich dazu vier einfache Fragen:

Welcher Schlag soll verbessert werden?	z. B. der Rückhand-Cross
Was soll daran verbessert werden?	z. B. der Topspin
Wie würden Sie schlagen wollen?	z. B. agressiver
Wohin würden Sie schlagen wollen?	z. B. zur Grundlinie

Führen Sie in der folgenden Checkliste alles auf, was Ihnen verbesserbar und ausbaufähig erscheint.

Schlagtechnik	👎	👍	kann optimiert werden	Bemerkung
Schlagdurchführung	○	○	○	Ausholphase zu kurz
Griff	○	○	○	sollte überprüft werden
Schlagrhythmus	○	○	○	zu schwankend
Timing	○	○	○	immer wieder zu spät
Schlagpräzision	○	○	○	könnte besser sein
Schlaglänge	○	○	○	zu kurz

Seien Sie selbstkritisch nach dem Motto: Erkannte Schwächen sind halbe Schwächen. Vielleicht stellen Sie fest, dass Sie Ihr Tennis bisher falsch beurteilt haben. Macht nichts, es ist nie zu spät.

»Mein Griff macht mir Schwierigkeiten!«

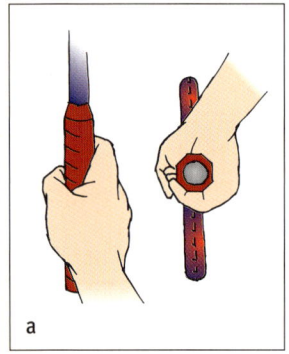

a

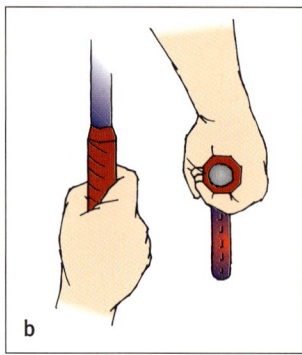

b

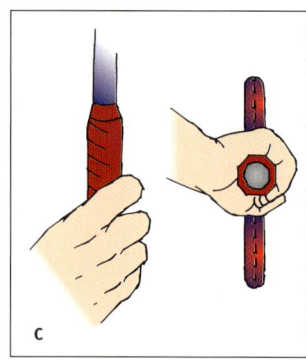

c

Mögliche Ursachen

- Kein echter Rückhandgriff (b) – eher Mittelgriff (a)
- Evtl. zu extremer Rückhandgriff (noch extremer als c)
- Zu lockeres Handgelenk
- Zu lockerer Griff beim Treffmoment
- Zu verkrampfter Griff

Ihr Coach rät

- ⊙ Vergleichen Sie Ihren Griff mit den links abgebildeten Griffen. Weicht er stark ab, sollten Sie unbedingt ausprobieren, wie Sie mit einem anderen Griff zurechtkommen.

- ⊙ Höher getroffene Bälle vertragen eher einen extremeren Griff als tiefer geschlagene.

- ⊙ Spielen Sie die normale Rückhand und den Slice mit dem normalen, den Topspin mit dem extremeren Griff.

TRAININGSTIPPS

➡ Testen Sie verschiedene Griffe.

➡ Lassen Sie sich hoch abspringende Bälle zuspielen. Variieren Sie die Treffpunkthöhe. Spielen Sie zuerst 2–3 Serien, ohne Ihren Griff zu verändern, dann mit dem der unterschiedlichen Schlaghöhe angepassten Griff. Hat der Griffwechsel die Schlagqualität beeinflusst?

➡ Wenden Sie die neuen Griff-Erkenntnisse in Trainingsmatches an, bevor Sie sich endgültig für einen anderen Griff entscheiden.

»Ich treffe meine Rückhand nicht sauber!«

Links: Auge ist auf den Ball gerichtet
- Handgelenk ist fixiert
- Ball wird in Schlägerkopfmitte getroffen

Rechts: Auge ist nicht auf den Ball gerichtet
- Handgelenk ist nicht stabilisiert
- Ball wird nicht in Schlägerkopfmitte getroffen

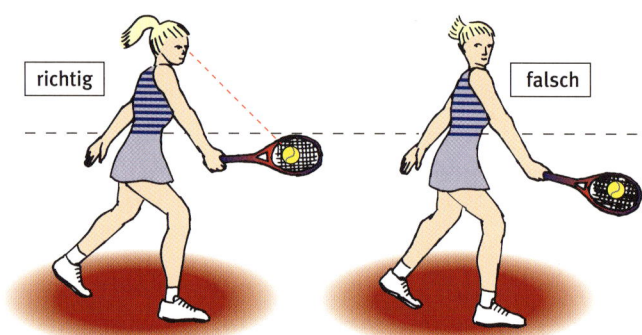

richtig

falsch

Mögliche Ursachen

- Ball wird nicht genau genug angesehen
- Ball wird nicht lange genug angesehen
- Zu lockeres Handgelenk (rechts)
- Zu lockerer Griff
- Ball wird zu weit weg vom/zu nahe beim Körper getroffen
- Hastiges Schlagen

Ihr Coach rät

- ◎ Holen Sie rechtzeitig aus.

- ◎ Visieren Sie den Ball stets exakt an. Erst nach dem Ballkontakt (den Sie fühlen) dem Ball hinterhersehen.

- ◎ Fixieren Sie Griff und Handgelenk beim Zuschlagen.

TRAININGSTIPPS

➡ Bewegen Sie sich früh zur Schlagposition, um den optimalen Abstand (seitlich und nach vorne) zum Ball zu erreichen (Abb. S. 22, 24).

➡ Lassen Sie Ihre Ohren »mitspielen«. Schlecht getroffene Bälle »klingen« anders als sauber geschlagene. Reagieren Sie auf dieses akustische Signal, spielen Sie sorgfältiger.

➡ Üben Sie richtungsändernde Schläge. Spielen Sie abwechselnd Ihre Rückhand cross – longline – cross etc.

Merke: Nur optimal getroffene Bälle sind kontrollierbar!

Bestens ausbalancierter Rückhand-
Schlag von Mark Philippoussis.

»Ich drehe bei der Rückhand auf!«

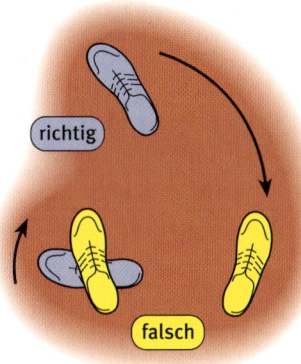 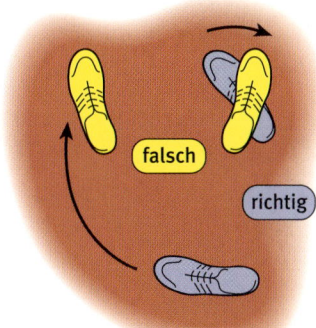

Mögliche Ursachen

- Kein korrekter Einsatz des linken Armes (Abb. S. 15)
- Kein energisches Durchziehen in Schlagrichtung
- Oberkörper rotiert während des Schlages:
  - Der rechte Fuß wird nach hinten gezogen, neben den linken gesetzt (oben links): Gewichtsverlagerung nach rechts hinten.
  - Der linke Fuß schwingt nach vorne, wird neben den rechten gesetzt (oben rechts): Gewichtsverlagerung nach links vorne.

Merke: Letzteres Aufdrehen ist bei der beidhändigen Rückhand ein normales »In-den-Schlag-Drehen«.

Ihr Coach rät

⊙ Verlagern Sie das Körpergewicht schon während des Ausholens auf den vorderen Fuß.

⊙ Lassen Sie die Schulterachse während des Schlages parallel zur Schlagrichtung ausgerichtet. Unterstützen Sie diese Absicht evtl. mit einer Gegenbewegung des linken Armes nach hinten (S. 16).

⊙ Treffen Sie den Ball nicht zu früh vor dem Körper (Abb. S. 22, Position 3).

Anna Kurnikowa beim Rückhand-Slice.

⊙ Probieren Sie einmal aus, Ihre Rückhand beidhändig zu schlagen. Beidhändige Rückhandschläge erlauben das Aufdrehen nach links-vorne.

➡ Lassen Sie sich Bälle (evtl. aus einem Ballkorb) halbhoch in Ihre Reichweite genau zuspielen. Schlagen Sie – in seitlicher Schlagstellung – **nur** auf dem rechten Bein stehend. Sie vermeiden so nicht nur jegliche Rotation, sondern auch die Gewichtsverlagerung nach hinten: Sie fühlen deutlich, dass ein Schlag in Seitstellung auch ohne Aufdrehen gut möglich ist.

➡ Üben Sie ausschließlich Rückhand longline (Ihr Partner spielt Vorhand longline).

➡ Wenn Sie die beidhändige Rückhand (Griff unten) ausprobieren, sollten Sie zunächst nur cross spielen. Setzen Sie dabei betont die linke Hand so ein, als würden Sie Vorhand cross mit **links** schlagen. Dabei kann der Oberkörper – wie bei der Vorhand üblich – aufdrehen, d. h. rotieren (Hinweis S. 11 unten).
Achten Sie dabei auf lockeren, freien Schwung nach vorne-oben. Ignorieren Sie zunächst alle leichten Fehler. Üben Sie diesen Schlag wenigstens eine halbe Stunde – evtl. mit leicht unterschiedlichen Griffen. Vielleicht ist die beidhändige Rückhand für Sie eine echte Alternative.

Optimale Ausholbewegung:
Alex Corretja zieht voll durch.

»Ich setze meinen linken Arm zu wenig ein!«

Mögliche Ursachen

- Aufgaben des linken Armes werden unterschätzt
- Schläger wird nicht aktiv mit der linken Hand zurückgeführt
- Linker Arm schwingt beim Zuschlagen (Schwungphase) nach vorne: Oberkörper dreht auf

Ihr Coach rät

Zur Ausholphase:

⊙ Führen (ziehen) Sie den Schläger mit der linken Hand so weit zurück, dass die rechte Schulter zum Netz zeigt: Voraussetzung für dynamisches Zuschlagen (Abb. S. 15 links).

⊙ Lösen Sie zu Beginn des Zuschlagens die linke Hand wieder vom Schläger.

Zur Ausschwungphase:

⊙ Achten Sie darauf, dass Ihr linker Arm weder während noch nach dem Treffen des Balles nach vorne kommt: Das Aufdrehen des Oberkörpers wäre eingeleitet, die Schlagkontrolle stark gefährdet.

⊙ Machen Sie, wenn Sie dazu neigen, aufzudrehen, mit Ihrem linken Arm eine bewusste Gegenbewegung nach hinten: Die so wichtige Seitstellung wird dadurch stabilisiert (Abb. S. 15 rechts).

TRAININGSTIPPS

➡ Schlagen Sie jeweils 10 Bälle hintereinander cross und long-line (Zuspiel aus Ballkorb). Wechseln Sie zum Fünfer-, dann zum Dreier-Rhythmus. Schlagen Sie schließlich cross und longline im Wechsel.

➡ Spielen Sie longline und cross aus dem Lauf (genaues Zuspiel in die Rückhandecke). Nach jedem Schlag die Ausgangsstellung erneut einnehmen.

➡ Schlagen Sie abwechselnd Rückhand cross, Vorhand cross, Rückhand longline, Vorhand longline, Rückhand cross etc. (kleine Pause nach jeweils 10 Schlägen).

Der linke Arm von Tommy Haas arbeitet vorbildlich.

»Meine Rückhand ist meistens zu kurz!«

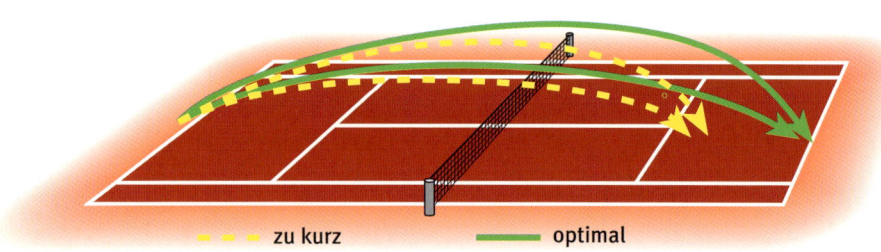

- - - zu kurz   ——— optimal

Mögliche Ursachen

- Schlag zu flach angesetzt
- Schlag nicht energisch durchgezogen
- Ausschwungbewegung nicht konsequent beendet: aufgedreht
- Zu extremer Topspin
- Zu extremer Rückhandgriff
- Angst vor Ausschlägen

Ihr Coach rät

⦿ Haben Sie keine Angst davor, lang zu spielen. Ein ins Aus geschlagener Ball baut den Gegner weniger auf als ständige Angebote (zu kurze Bälle) ins Mittelfeld.

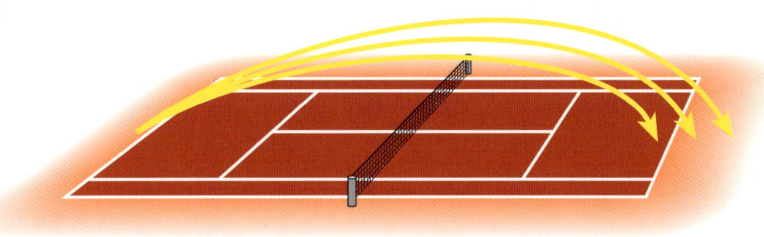

⦿ Kurze Bälle bleiben oft am Netz hängen. Setzen Sie auch deshalb den Rückhandschlag bewusst höher an.

⦿ Schwingen Sie von unten kommend gegen den Ball. Er sollte in 2–3 m Abstand über das Netz fliegen.

⦿ Schwingen Sie in Schlagrichtung voll durch. Länge und Präzision des Schlages werden so positiv beeinflusst.

⦿ Verwenden Sie einen weniger extremen Griff.

TRAININGSTIPPS

➡ Spielen Sie sich von hinten an, d.h., schlagen Sie zunächst eher zu lang und werden Sie dann kürzer als umgekehrt (Abb. S. 19).

➡ Lassen Sie Ihren Arm bei diesen Schlägen locker durchschwingen. Versuchen Sie, Tempo und Höhe dieser langen Schläge zu »erfühlen«.

➡ Ein markiertes Feld (unten) soll regelmäßig angespielt werden. Sätze spielen. Treffer des markierten Feldes zählen doppelt.

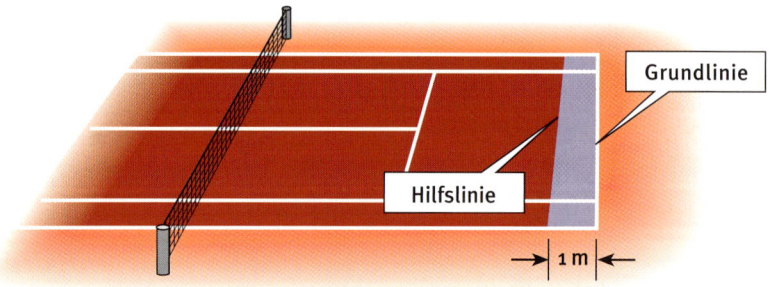

Grundlinie

Hilfslinie

→| 1 m |←

➡ Jeder zwischen Netz und T-Linie aufspringende Ball zählt als Fehler. Spielen Sie Matches unter diesen Bedingungen.

➡ Schlagen Sie Lobs zur Grundlinie und wenden Sie diese »Mondbälle« als taktische Variante auch im Match an.

➡ Üben Sie wie Seite 31, Trainingstipp 2.

Sauber getroffen!
Thomas Enqvist bei seinem
stärksten Schlag.

»Ich kann keine schnelle Rückhand spielen!«

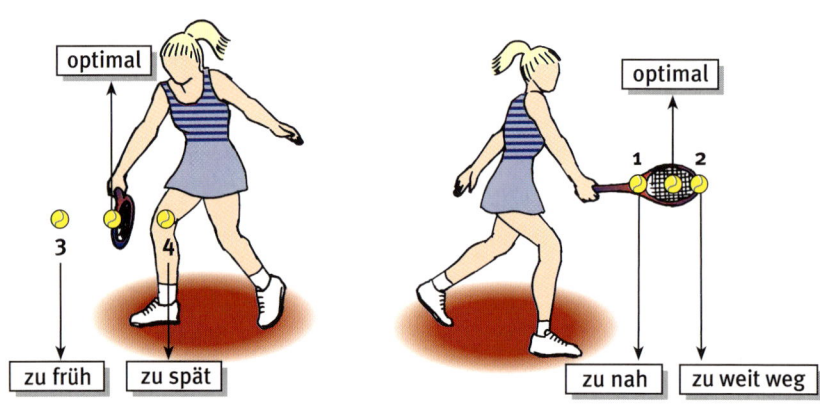

Mögliche Ursachen

- Ausholbewegung zu spät und/oder ohne Körperrotation
- Ball nicht optimal getroffen (oben)
- Ball zu weit hinter der Grundlinie geschlagen
- Schlag nicht voll durchgezogen
- Keine Gewichtsverlagerung (Hüfte) nach vorne
- Schlag verkrampft und/oder ängstlich ausgeführt
- Zu viel Topspin
- Unelastisch besaiteter Schläger

Ihr Coach rät

- ⊙ Verändern Sie Ihre Bereitschaftsstellung/Schlagposition näher zur Grundlinie (etwa auf Hilfslinie A–B, Abb. S. 24). Dort müssen Sie **früher** schlagen. Spielen Sie nur in Ausnahmefällen weiter hinten, z. B. dann, wenn der Ball des Gegners in der Nähe Ihrer Grundlinie aufspringt.

- ⊙ Lassen Sie den Ball nicht zu weit herunterkommen. Laufen sie ihm entgegen, um ihn am höchsten Punkt oder noch früher zu treffen. Spielen Sie gelegentlich auch Halbflugbälle.

- ⊙ Holen Sie früh und energisch aus (Oberkörperdrehung, rechte Rückenseite zeigt zum Netz).

- ⊙ Verlagern Sie **vor** Beginn der Schlagphase das Körpergewicht auf den vorderen Fuß: die Schlägerbeschleunigung wird forciert.

- ⊙ Treffen Sie den Ball nicht zu nah (1), nicht zu weit weg (2), nicht zu früh (3) und nicht zu spät (4) (Abb. S. 22).

- ⊙ Schlagen Sie eventuell mit weniger Topspin.

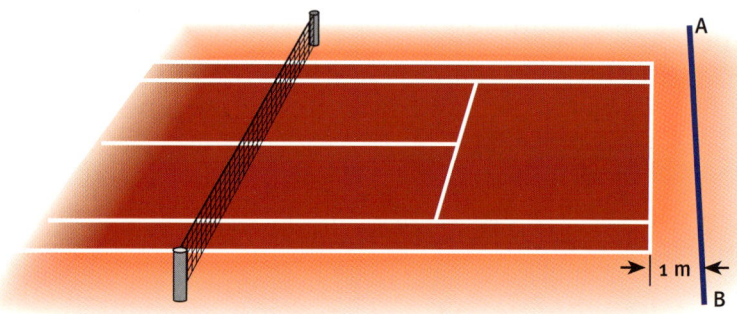

➡ Lassen Sie sich halbhohe Bälle ins Mittelfeld zuspielen, die Sie mit vollem Schwung in eine Ecke »schießen«.

➡ Üben Sie Longline-Schläge. Setzen Sie die kürzer, weich und höher gespielten »Angebote« aggressiv als Cross weg.

➡ Spielen Sie Punkte aus, wobei
 – der Rückhand-Winner doppelt zählt,
 – jedes Angebot aggressiv durchgezogen werden muss (Winner-Versuch),
 – Sie keinen extremen Topspin schlagen dürfen.

Lleyton Hewitt zeigt,
wie's geht.

»Ich verschlage ständig meine Longline-Bälle!«

Falsches Ziel A₁	Häufiges Ergebnis A₂	Richtige Ziele B₁ und B₂

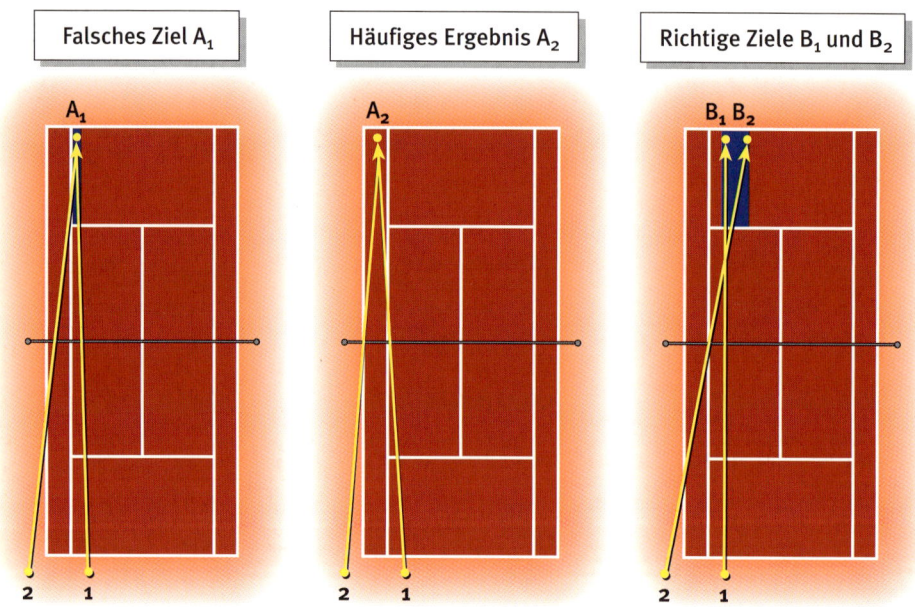

Mögliche Ursachen

- Falsches Schlagziel: zu nahe an die Seitenlinie (links)
- Zu später Treffpunkt
- Keine optimale Schlagstellung
- Kein energisches Durchziehen

Ihr Coach rät

- ◉ Ihr Schlagziel darf nicht zu nahe an der Seitenlinie liegen. Korrektes Schlagziel: B1 und B2.

- ◉ Spielen Sie von Position 1 parallel zur Seitenlinie nach B1 (also nicht nach außen auf A1), von Position 2 eher mit leichter Cross-Tendenz nach B2 statt nach A1.

- ◉ Stehen Sie zum Longline-Schlag unbedingt in seitlicher Schlagstellung.

- ◉ Ziehen Sie Ihren Schlag mutig in Zielrichtung durch. Je schneller Sie zu laufen gezwungen sind, desto energischer muss Ihr Armzug sein.

- ◉ Schlagen Sie Ihre Rückhand im Zweifelsfall cross.

Andre Agassi bei einer sehr tief geschlagenen Rückhand.

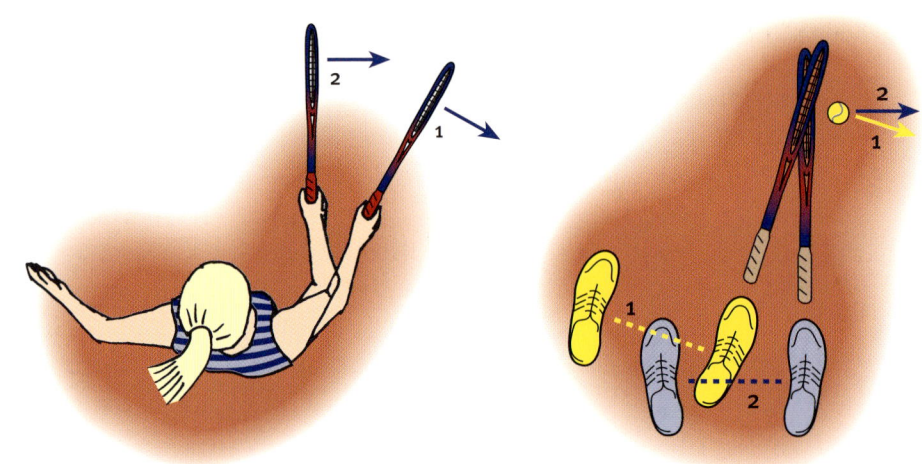

Vier Möglichkeiten, Ihren Longline-Ball präzise zu schlagen:

- Späteres Treffen des Balles **ohne** Veränderung der seitlichen Schlagstellung: Abb. links – frühes Treffen (1) = cross; späteres Treffen (2) = longline
- Treffen des Balles mit parallel zur Schlagrichtung ausgerichteter Fußstellung: Abb. rechts – Fußstellung (1) zum Cross; Fußstellung (2) zum Longline
- Unterschiedlicher Handgelenkseinsatz: Beim Longline-Schlag ist es mehr geschlossen, beim Cross mehr geöffnet
- Kombination aus den drei obigen Möglichkeiten

➡ Üben Sie Longline-Schläge im Doppelkorridor. Wer hat zuerst 15 Treffer?

➡ Ziehen Sie einen halben Meter parallel zur Seitenlinie eine Hilfslinie.
 – Gehen Ihre Longline-Bälle oft seitlich ins Aus, gelten die ins Tabufeld gespielten Bälle als Fehler. Punkte ausspielen.
 – Spielen Sie Ihre Longline-Bälle meist zur Platzmitte, zählt jeder Treffer des Tabufeldes doppelt. Punkte ausspielen.

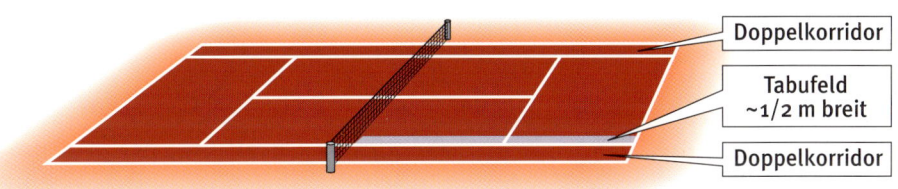

Doppelkorridor

Tabufeld ~1/2 m breit

Doppelkorridor

➡ Schlagen Sie abwechselnd Rückhand longline und Vorhand longline (Schlagziel für Rückhand: B1 bzw. B2, Abb. S. 26).

»Ich kann keinen Rückhand-Topspin schlagen!«

Mögliche Ursachen

- Ungeeigneter Griff
- Ungeeignete Schlagstellung
- Zu kurze Ausholbewegung ohne Oberkörperdrehung
- Zu flache Schwungphase
- Kein energisches Durchziehen nach oben

Von tief hinten-unten nach vorne-oben: Pete Sampras beim Rückhand-Topspin.

3

Ihr Coach rät

- ⊙ Probieren Sie aus, ob Sie mit einem extremeren Griff besser zurechtkommen.

- ⊙ Gehen Sie beim Ausholen deutlich in die Knie und drehen Sie den Oberkörper so weit zurück, dass die rechte Rückenhälfte zum Netz zeigt.

- ⊙ Schwingen Sie von unten zum Ball, beschleunigen Sie den Schlägerkopf extremer und steiler nach oben; strecken Sie dabei wieder Ihre Beine.

TRAININGSTIPPS

➡ Üben Sie im Kleinfeld (Aufschlagfeld). Machen Sie nur langsame Topspin-Schläge. Alle Bälle müssen vor der T-Linie aufspringen.

➡ Spannen Sie eine Leine 2 m über das Netz. Punkte ausspielen. Jeder Schlag zwischen Netzkante und Leine gilt als Fehler.

➡ Spielen Sie abwechselnd flache (gerade Rückhand) und höhere (topspin) Cross-Bälle. Beobachten Sie den Absprungwinkel der unterschiedlichen Schläge: Sie müssen verschieden steil ausfallen.

»Mein Rückhand-Slice funktioniert nicht optimal!«

Mögliche Ursachen

- Ungeeignete Griffhaltung
- Mangelnde Gewichtsverlagerung nach vorne
- Keine seitliche Schlagstellung – zu frühes Aufdrehen
- Falscher Treffpunkt
- Zu steil abwärts gerichtete Schwung- bzw. Ausschwungphase
- Zu kurze Schwung- bzw. Ausschwungphase

Ihr Coach rät

- Üben Sie regelmäßig den Slice: Der Rückhand-Slice ist ein sehr wichtiger und erfolgreicher Schlag.
- Treffen Sie
  - die hohen Bälle zwischen der linken und rechten Schulter,
  - die hüfthoch zu schlagenden vor der rechten Hüfte,
  - die tief zu schlagenden (Kniehöhe und darunter) weiter vorne (Abb. rechts).

32

➡ Holen Sie rechtzeitig nach oben aus und verlagern Sie Ihr Gewicht (Hüfte) nach vorne, schon **bevor** Sie zuschlagen. Schwingen Sie mit fixiertem Handgelenk und Griff zum Ball. Stoppen Sie keinesfalls den Schwung nach dem Treffen ab.

➡ Spielen Sie zunächst Rückhand cross bzw. Longline-Serien. Schlagen Sie dann im Wechsel. Der Ball sollte dabei nicht zu flach übers Netz fliegen. Grundlinie anpeilen.

➡ Lassen Sie sich verschieden hoch abspringende Bälle zuspielen (Serien à 10 Schläge).

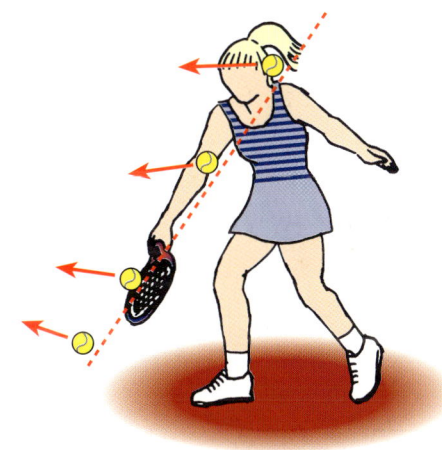

– Bewegen Sie sich zum Ball hin/vom Ball weg: Sie können den Slice in der gleichen Höhe schlagen.

– Bleiben Sie am gleichen Schlagort: Sie müssen den Slice in unterschiedlicher Höhe schlagen.

Weitere Tipps zur Rückhand

- Bereiten Sie jeden Schlag rechtzeitig vor. Frühes In-Stellung-Gehen, frühes Ausholen ermöglichen souveräne Schläge.

- Schlagen Sie eher cross, wenn Sie unter Druck sind.

- Versuchen Sie, immer lang zu spielen. Langsamer und lang ist besser als kürzer und schnell.

- Rücken Sie zu kurzen Bällen auf und beenden Sie den Ballwechsel – wenn Sie eine reelle Chance dazu sehen – mit einem wuchtigen Rückhandschlag auf die Schwäche des Gegners.

- Trauen Sie Ihrer Rückhand etwas zu. Vertrauen Sie darauf, dass das Problem, an dem Sie so hart gearbeitet haben, behoben ist.

- Betrachten Sie eventuelle Rückschläge als Herausforderung. Das Auf und Ab der Verlässlichkeit auf einen Schlag gehört zu dessen Entwicklung, ist ein Teil von ihm.

- Guter Schlagrhythmus mit durchschnittlicher Technik ist erfolgversprechender als optimale Technik ohne Rhythmus.

Vergessen Sie nie: Tennis ist eine Kombination aus Sport, Spiel und Spaß – und das sollte es auch bleiben.